Knuspriger Teig, saftige Früchte und ein cremig-süsser Guss, diese Kombination lieben einfach alle! Zudem sind die leckeren Wähen einfach und schnell zubereitet und lassen sich schier unendlich variieren. Darum haben wir den fruchtig-süssen Wähen ein ganzes Buch gewidmet. Denn neben den klassischen Fruchtwähen mit Guss haben unsere Koch- und Back-Profis so viele herrliche Kreationen und überraschende Variationen ausgetüftelt, dass wir ins Schwärmen kamen. Vom Rhabarber im Frühling bis hin zu den Zitrusfrüchten im Winter haben wir für alle Saisons verführerische Wähen und Tartes mit bunten, saftigen Früchten für Sie bereit. Bei vielen Rezepten krönt ein überraschendes Topping oder ein kleines, süsses Extra das knusprige Gebäck. Wer es schlichter mag, bäckt seine Wähe ohne das Extra, wer gern neue Kombinationen ausprobiert, findet viele Inspirationen für ganz besondere Verwöhnmomente.

Betty Bossi

Herausgegeben von der Betty Bossi AG, Postfach, 8021 Zürich.

Inhalt

Frühlingswähen	4
Sommerwähen	24
Herbstwähen	48
Winterwähen	72

Reisfladen mit Walderdbeeren

Vor- und zubereiten: ca. 45 Min.
Kühl stellen: ca. 30 Min.
Backen: ca. 35 Min.
Für ein rechteckiges Backblech

- **200 g Mehl**
- **80 g Zucker**
- **½ TL Salz**
- **1 Bio-Zitrone,** nur ½ abgeriebene Schale
- **100 g Butter,** in Stücken, kalt
- **1 Ei,** verklopft
- **6 dl Milch**
- **150 g Risottoreis** (z. B. Carnaroli)
- **½ TL Salz**
- **2 EL Erdbeerkonfitüre**
- **1 EL Zitronensaft**
- **50 g Zucker**
- **2 Eigelbe**
- **150 g Rahmquark**
- **100 g geschälte gemahlene Mandeln**
- **1 Bio-Zitrone,** nur ½ abgeriebene Schale
- **2 Eiweisse**
- **1 Prise Salz**
- **2 EL Zucker**
- **1 dl Vollrahm,** flaumig geschlagen
- **300 g Walderdbeeren**
- **4 EL Erdbeerkonfitüre**
- **1½ EL Zitronensaft** oder Wasser

1. Mehl, Zucker, Salz und Zitronenschale in einer Schüssel mischen. Butter beigeben, von Hand zu einer gleichmässig krümeligen Masse verreiben. Ei beigeben, rasch zu einem Teig zusammenfügen, nicht kneten. Teig flach drücken, zugedeckt ca. 30 Min. kühl stellen.

2. Milch mit Reis und Salz aufkochen, Hitze reduzieren, unter gelegentlichem Rühren bei kleiner Hitze ca. 25 Min. zu einem dicken, aber noch feuchten Brei köcheln, auskühlen.

3. Teig auf einem Backpapier auswallen (ca. 34×40 cm), ins Blech legen, Boden mit einer Gabel dicht einstechen, Konfitüre und Zitronensaft verrühren, Boden damit bestreichen, kühl stellen.

4. Zucker und Eigelbe schaumig rühren, unter den Reis rühren. Quark, Mandeln und Zitronenschale daruntermischen. Eiweisse mit dem Salz steif schlagen, Zucker beigeben, kurz weiterschlagen. Eischnee mit dem Rahm unter die Reismasse ziehen, auf dem Teig verteilen.

5. **Backen:** ca. 35 Min. in der unteren Hälfte des auf 220 Grad vorgeheizten Ofens. Herausnehmen, etwas abkühlen, aus dem Blech nehmen, auf einem Gitter auskühlen.

6. Erdbeeren auf dem Fladen verteilen. Konfitüre und Zitronensaft in einer kleinen Pfanne warm werden lassen, über die Beeren träufeln.

Stück (1/12): 404 kcal, F 20 g, Kh 44 g, E 9 g

Rhabarberwähe

Vor- und zubereiten: ca. 20 Min.
Kühl stellen: ca. 30 Min.
Backen: ca. 25 Min.
Für ein Backblech von ca. 28 cm Ø,
Boden mit Backpapier belegt,
Rand gefettet

200 g Mehl

½ TL Salz

75 g Butter, in Stücken, kalt

1 dl Wasser

1 EL grobkörniger Rohzucker

1 EL Mehl

800 g Rhabarber, längs halbiert, in ca. 20 cm langen Stücken

1 EL grobkörniger Rohzucker

20 g Butter, in Stücken

1. Mehl und Salz in einer Schüssel mischen. Butter beigeben, von Hand zu einer gleichmässig krümeligen Masse verreiben. Wasser dazugiessen, rasch zu einem Teig zusammenfügen, nicht kneten. Teig flach drücken, zugedeckt ca. 30 Min. kühl stellen.

2. Teig auf wenig Mehl rund (ca. 34 cm Ø) auswallen, ins vorbereitete Blech legen, Boden mit einer Gabel dicht einstechen.

3. Zucker und Mehl mischen, auf dem Teigboden verteilen, Rhabarberstängel ringsum von aussen nach innen darauflegen. Zucker und Butter darauf verteilen.

4. **Backen:** ca. 25 Min. in der unteren Hälfte des auf 220 Grad vorgeheizten Ofens. Herausnehmen, auf einem Gitter etwas abkühlen, aus dem Blech nehmen, lauwarm oder kalt servieren.

Tipp: Mit flaumig geschlagenem Rahm und Erdbeeren servieren.

Schneller: Ausgewallten Kuchenteig (ca. 32 cm Ø) verwenden.

Stück (⅛): 216 kcal, F 11 g, Kh 23 g, E 4 g

Rhabarberwähe mit Kokos

Vor- und zubereiten: ca. 25 Min.
Backen: ca. 35 Min.
Für ein Backblech von ca. 28 cm Ø

1 ausgewallter Kuchenteig (ca. 32 cm Ø)
50 g Kokosraspel
600 g Rhabarber, in Stücken
1 EL Zucker
150 g Rahmquark
2 Eier
4 EL Zucker
2 cm Ingwer, fein gerieben

1. Teig entrollen, mit dem Backpapier ins Blech legen, Boden mit einer Gabel dicht einstechen, Kokos und Rhabarber darauf verteilen, Zucker darüberstreuen.

2. **Backen:** ca. 15 Min. auf der untersten Rille des auf 220 Grad vorgeheizten Ofens. Herausnehmen, Quark und alle restlichen Zutaten verrühren, über den Rhabarber giessen, ca. 20 Min. fertig backen. Herausnehmen, etwas abkühlen, aus dem Blech nehmen, lauwarm oder kalt servieren.

Stück (1/8): 275 kcal, F 17 g, Kh 23 g, E 6 g

Erdbeer-Tarte

Vor- und zubereiten: ca. 40 Min.
Kühl stellen: ca. 30 Min.
Blindbacken: ca. 20 Min.
Für ein Backblech von ca. 24 cm Ø

- **200 g Mehl**
- **50 g Zucker**
- **¼ TL Salz**
- **50 g Butter,** in Stücken, kalt
- **80 g Rahmquark**
- **1 Ei,** verklopft
- **1 Bio-Zitrone,** wenig abgeriebene Schale und 2 EL Saft
- **250 g Mascarpone**
- **2 EL Zucker**
- **2 Päckli Vanillezucker**
- **1 dl Vollrahm**
- **250 g Erdbeeren,** in Würfeli

1. Mehl, Zucker und Salz in einer Schüssel mischen. Butter beigeben, von Hand zu einer gleichmässig krümeligen Masse verreiben. Quark, Ei, Zitronenschale und -saft beigeben, rasch zu einem weichen Teig zusammenfügen, nicht kneten, flach drücken. Teig zwischen zwei Backpapieren auswallen, mit dem unteren Backpapier ins Blech legen. Boden mit einer Gabel sehr dicht einstechen, ca. 30 Min. kühl stellen.

2. **Blindbacken:** ca. 20 Min. in der unteren Hälfte des auf 220 Grad vorgeheizten Ofens. Herausnehmen, etwas abkühlen, aus dem Blech nehmen, auf einem Gitter auskühlen.

3. Mascarpone, Zucker und Vanillezucker verrühren. Rahm beigeben, mit den Schwingbesen des Handrührgeräts knapp steif schlagen. Masse auf dem Tarte-Boden verteilen, Erdbeeren darauf verteilen.

Stück (1/6): 543 kcal, F 37 g, Kh 42 g, E 10 g

Nidelwähe mit Erdbeeren

Vor- und zubereiten: ca. 30 Min.
Backen: ca. 20 Min.
Für 2 Backbleche «della Nonna», gefettet

- 1 **ausgewallter Kuchenteig** (ca. 25×42 cm)
- 100 g **Erdbeer- oder Johannisbeergelee**
- 50 g **Mandelblättchen**
- 2 dl **Rahm**
- 150 g **Rahmquark**
- 1 EL **Maizena**
- 2 **Eier**
- 3 EL **Zucker**
- 1 TL **Vanillezucker**
- 1 **Prise Salz**
- 500 g **Erdbeeren,** in Scheiben
- 50 g **Erdbeer- oder Johannisbeergelee**

1. Teig entrollen, längs halbieren, jeweils etwas grösser auswallen. Teige in die vorbereiteten Bleche legen, Rand gut andrücken. Teigböden mit einer Gabel dicht einstechen. Gelee auf den Teigböden verteilen, Mandelblättchen darüberstreuen.

2. Rahm und alle Zutaten bis und mit Salz gut verrühren, auf die Teigböden giessen.

3. **Backen:** ca. 20 Min. auf der untersten Rille des auf 220 Grad vorgeheizten Ofens. Herausnehmen, auf einem Gitter auskühlen.

4. Erdbeeren auf der Tarte verteilen. Gelee in einer kleinen Pfanne warm werden lassen, Erdbeeren damit bestreichen.

Stück (1/12): 280 kcal, F 17 g, Kh 25 g, E 5 g

Rhabarber-Schokolade-Tarte

Vor- und zubereiten: ca. 1 Std.
Blindbacken: ca. 25 Min.
Kühl stellen: ca. 2¾ Std.
Für ein Backblech von ca. 24 cm Ø,
Boden mit Backpapier belgt,
Rand gefettet

- **170 g Mehl**
- **70 g grobkörniger Rohzucker**
- **¼ TL Salz**
- **100 g Butter,** in Stücken, kalt
- **1 Ei,** verklopft
- **1 Beutel dunkle Kuchenglasur** (ca. 125 g), geschmolzen
- **150 g weisse Schokolade,** fein gehackt
- **250 g Magerquark**
- **2 dl Vollrahm**
- **500 g Rhabarber,** längs halbiert, in ca. 7 cm langen Stücken
- **1 dl Grenadinesirup** (unverdünnt)
- **2 EL ungesalzene, geschälte Pistazien,** grob gehackt

1. Mehl, Zucker und Salz in einer Schüssel mischen. Butter beigeben, von Hand zu einer gleichmässig krümeligen Masse verreiben. Ei beigeben, rasch zu einem weichen Teig zusammenfügen, nicht kneten. Teig flach drücken, zugedeckt ca. 30 Min. kühl stellen.

2. Teig auf wenig Mehl rund auswallen, ins vorbereitete Blech legen, Boden mit einer Gabel dicht einstechen, ca. 15 Min. kühl stellen. Teig mit Backpapier belegen, mit getrockneten Hülsenfrüchten beschweren.

3. **Blindbacken:** ca. 15 Min. in der unteren Hälfte des auf 200 Grad vorgeheizten Ofens. Backpapier und Hülsenfrüchte entfernen, ca. 10 Min. fertig backen. Herausnehmen, etwas abkühlen, aus dem Blech nehmen, auf einem Gitter auskühlen.

4. Boden auf eine Platte stellen, innen mit der Hälfte der Glasur bestreichen. Mit einem breiten Pinsel restliche Glasur als Streifen auf ein mit Backpapier belegtes Blech streichen, kühl stellen.

5. Schokolade in eine dünnwandige Schüssel geben, über das nur leicht siedende Wasserbad hängen, sie darf das Wasser nicht berühren. Pfanne von der Platte nehmen, Schokolade schmelzen, glatt rühren, Quark darunterrühren. Rahm steif schlagen, sorgfältig unter die Masse ziehen, auf dem Tarte-Boden verteilen. Zugedeckt ca. 2 Std. kühl stellen.

6. Rhabarber mit dem Sirup ca. 2 Min. knapp weich köcheln, auskühlen. Rhabarber mit wenig Saft auf die Tarte geben, mit Pistazien und Schokoladestreifen verzieren.

Stück (⅛): 592 kcal, F 36 g, Kh 55 g, E 10 g

Beeren-Zitronen-Tarte

Vor- und zubereiten: ca. 1½ Std.
Blindbacken: ca. 15 Min.
Kühl stellen: ca. 2 Std.

2 ausgewallte Blätterteige (je ca. 32 cm Ø)
2 EL Zucker
2 Bio-Zitronen, wenig abgeriebene Schale, ganzer Saft
2 Eier
1 EL Maizena
6 EL Zucker
3 Blatt Gelatine, ca. 5 Min. in kaltem Wasser eingelegt, abgetropft
2 dl Rahm
180 g Joghurt nature
12 Himbeeren
250 g Erdbeeren, in Scheibchen
Puderzucker zum Bestäuben

1. Einen Teig mit dem Backpapier auf ein Backblech ziehen. Vom zweiten Teig eine Rondelle von ca. 26 cm Ø ausschneiden, Rand auf den ersten Teig legen. Boden mit einer Gabel dicht einstechen. Von der Rondelle Blätter (ca. 3 cm Ø) ausstechen, auf den Teigrand legen, Zucker darüberstreuen.

2. **Blindbacken:** ca. 15 Min. in der unteren Hälfte des auf 220 Grad vorgeheizten Ofens. Herausnehmen, auf ein Gitter schieben, auskühlen.

3. Zitronenschale und alle Zutaten bis und mit Zucker mit dem Schwingbesen verrühren, unter ständigem Rühren bei mittlerer Hitze bis vors Kochen bringen. Die Pfanne von der Platte nehmen, ca. 2 Min. weiterrühren. Gelatine darunterrühren, Creme durch ein Sieb in eine Schüssel giessen, auskühlen.

4. Creme glatt rühren. Rahm steif schlagen, mit dem Joghurt unter die Creme ziehen. Ca. 4 EL in einen Einweg-Spritzsack füllen, eine Ecke abschneiden, Himbeeren damit füllen, zugedeckt kühl stellen. Restliche Creme auf dem Tarte-Boden verteilen, zugedeckt ca. 2 Std. kühl stellen.

5. Erdbeeren und Himbeeren auf der Tarte verteilen, mit Puderzucker bestäuben.

Stück (⅛): 444 kcal, F 26 g, Kh 45 g, E 7 g

Rhabarber-Tarte-Tatin (im Bild rechts)

Vor- und zubereiten: ca. 20 Min.
Backen: ca. 20 Min.
Für 2 Wähenbleche «della Nonna», Böden exakt mit Backpapier ausgelegt

- **40 g Butter**
- **2 EL Zucker**
- **1 kg Rhabarber,** in ca. 10 cm langen Stücken
- **6 EL Holunderblütensirup**
- **1 ausgewallter Blätterteig** (ca. 25×42 cm), längs halbiert

1. Butter und Zucker in den vorbereiteten Blechen verteilen. Rhabarber mit dem Sirup mischen, satt in die Bleche legen. Teig mit einer Gabel dicht einstechen, auf den Rhabarber legen, am Rand etwas andrücken.

2. **Backen:** ca. 20 Min. in der unteren Hälfte des auf 220 Grad vorgeheizten Ofens. Herausnehmen, ca. 2 Min. stehen lassen, auf eine Platte stürzen, noch warm servieren.

Lässt sich vorbereiten: Tarte ca. ½ Tag im Voraus mit dem Blätterteig bedeckt zugedeckt im Kühlschrank aufbewahren. Kurz vor dem Servieren backen.

Stück (¹⁄₁₂): 173 kcal, F 9 g, Kh 20 g, E 2 g

Variante: Rhabarber-Crostata (im Bild links) Teighälften in die Bleche legen, mit einer Gabel dicht einstechen. 2 EL Zucker und 2 EL Mehl darauf verteilen. Rhabarber mit dem Sirup mischen, satt auf die Teige legen, einige Butterflöckli darauf verteilen, gleich backen wie oben.

Pineberry-Tarte

Vor- und zubereiten: ca. 1 Std.
Kühl stellen: ca. 2¾ Std.
Blindbacken: ca. 25 Min.
Für ein Backblech von ca. 24 cm Ø, gefettet

150 g Mehl
60 g Zucker
½ TL Salz
90 g Butter, in Stücken, kalt
1 Eigelb
2 dl Vollrahm
200 g weisse Schokolade, fein gehackt
einige Tropfen rote Lebensmittelfarbe
150 g Rahmquark
200 g Ananas-Erdbeeren (Pineberrys, siehe Hinweis) oder Erdbeeren

1. Mehl, Zucker und Salz in einer Schüssel mischen. Butter beigeben, von Hand zu einer gleichmässig krümeligen Masse verreiben. Eigelb beigeben, rasch zu einem weichen Teig zusammenfügen, nicht kneten, flach drücken, zugedeckt ca. 30 Min. kühl stellen.

2. Teig zwischen zwei aufgeschnittenen Plastikbeuteln ca. 4 mm dick auswallen, in das vorbereitete Blech legen. Boden mit einer Gabel dicht einstechen, ca. 15 Min. kühl stellen. Teig mit Backpapier belegen, mit getrockneten Hülsenfrüchten beschweren.

3. **Blindbacken:** ca. 15 Min. in der unteren Hälfte des auf 200 Grad vorgeheizten Ofens. Backpapier und Hülsenfrüchte entfernen, ca. 10 Min. fertig backen. Herausnehmen, etwas abkühlen, aus der Form nehmen, auf einem Gitter auskühlen.

4. Rahm in einer Pfanne aufkochen. Pfanne von der Platte nehmen, Schokolade beigeben, schmelzen, in eine Schüssel giessen, Lebensmittelfarbe darunterrühren, auskühlen, zugedeckt ca. 1 Std. kühl stellen.

5. Schokolademasse mit den Schwingbesen des Handrührgeräts knapp steif schlagen, Quark darunterrühren. Masse auf dem Tarte-Boden verteilen, vor dem Servieren mind. 1 Std. kühl stellen. Kurz vor dem Servieren die Erdbeeren auf der Tarte verteilen.

Hinweis: Ananas-Erdbeeren (Pineberrys) sind in Lebensmittelabteilungen von Warenhäusern erhältlich.

Stück (⅛): 267 kcal, F 32 g, Kh 38 g, E 6 g

Sommer
wähen

Johannisbeerwähe

Vor- und zubereiten: ca. 15 Min.
Backen: ca. 30 Min.
Für 2 Backbleche «légère»

---

1 ausgewallter Kuchenteig (ca. 25 × 42 cm)

4 Zwieback, zerbröckelt

---

400 g Crème fraîche

2 EL Pfefferminze, fein geschnitten

4 EL Zucker

2 TL Maizena

2 Eier

750 g rote, schwarze und weisse Johannisbeeren

Puderzucker zum Bestäuben

---

1. Teig entrollen, quer halbieren, in die Bleche legen. Teigböden mit einer Gabel dicht einstechen, Zwieback darauf verteilen.

2. Crème fraîche und alle Zutaten bis und mit Eiern gut verrühren, auf die Teigböden giessen. Johannisbeeren darauf verteilen.

3. **Backen:** ca. 30 Min. auf der untersten Rille des auf 220 Grad vorgeheizten Ofens. Herausnehmen, etwas abkühlen, aus den Blechen nehmen, auf einem Gitter auskühlen. Mit Puderzucker bestäuben.

Stück (⅛): 421 kcal, F 29 g, Kh 30 g, E 6 g

Aprikosenwähe

Vor- und zubereiten: ca. 15 Min.
Backen: ca. 35 Min.
Für ein rechteckiges Backblech von ca. 35×40 cm

2 ausgewallte Kuchenteige (je ca. 25×42 cm)

6 EL gemahlene Haselnüsse oder Mandeln

1½ kg Aprikosen, halbiert

2 dl Milch

2 dl Rahm

2 Eier

2 EL Maizena

6 EL Zucker

2 dl Vollrahm

2 EL Puderzucker

einige Zitronenmelissenblättchen, fein geschnitten

1. Teige mit dem Backpapier sich leicht überlappend ins Blech legen, mit einer Gabel dicht einstechen. Nüsse darauf verteilen, Aprikosen darauflegen.

2. Milch und alle Zutaten bis und mit Zucker gut verrühren, über die Aprikosen giessen.

3. **Backen:** ca. 35 Min. auf der untersten Rille des auf 220 Grad vorgeheizten Ofens. Herausnehmen, etwas abkühlen, lauwarm oder kalt servieren.

4. **Melissenrahm:** Rahm mit dem Puderzucker und der Zitronenmelisse flaumig schlagen, zur Wähe servieren.

Tipp: Tiefgekühlte Aprikosen oder Zwetschgen verwenden.

Stück ($^1/_{12}$): 472 kcal, F 29 g, Kh 44 g, E 7 g

Meringuierte Weichseltörtchen

Vor- und zubereiten: ca. 20 Min.
Backen/überbacken: ca. 23 Min.
Für 6 Backförmchen von je
ca. 12 cm Ø, mit Backpapier
belegt

1 Portion Quarkkuchenteig (S. 96)

6 EL gemahlene geschälte Mandeln

600 g Sauerkirschen (Weichseln), evtl. entsteint

100 g dunkle Schokolade, grob gehackt

3 EL Zucker

2 EL Kirsch

3 frische Eiweisse

1 Prise Salz

150 g feinster Zucker

Puderzucker zum Bestäuben

1. Teig in 6 gleich grosse Portionen teilen, auf wenig Mehl zu Rondellen von je ca. 15 cm Ø auswallen, in die vorbereiteten Förmchen legen. Ränder andrücken, Teigböden mit einer Gabel dicht einstechen. Mandeln darauf verteilen, Förmchen auf ein Backblech stellen.

2. Kirschen, Schokolade, Zucker und Kirsch mischen, auf den Teigböden verteilen.

3. **Backen:** ca. 20 Min. auf der untersten Rille des auf 220 Grad vorgeheizten Ofens. Herausnehmen.

4. Eiweisse mit dem Salz steif schlagen. Die Hälfte des Zuckers beigeben, weiterschlagen, bis der Eischnee glänzt. Restlichen Zucker beigeben, weiterschlagen, bis der Eischnee feinporig und sehr steif ist. Eischnee auf die Törtchen verteilen, mit einer Gabel Spitzen formen.

5. **Überbacken:** ca. 3 Min. in der oberen Hälfte des auf 240 Grad vorgeheizten Ofens (nur Oberhitze oder Grill). Herausnehmen, etwas abkühlen, aus den Förmchen nehmen, auf einem Gitter auskühlen. Mit Puderzucker bestäuben.

Tipps

– <u>Schneller:</u> Ausgewallten Mürbeteig (ca. 32 cm Ø) verwenden.

– Statt Weichseln Kirschen verwenden.

Stück (⅙): 631 kcal, F 27 g, Kh 81 g, E 11 g

Brombeerwähe mit Kokosstreuseln

Vor- und zubereiten: ca. 10 Min.
Backen: ca. 35 Min.
Für ein Backblech von ca. 30 cm Ø

---

1 ausgewallter Kuchenteig (ca. 32 cm Ø)

2 EL grobkörniger Rohzucker

2 EL Mehl

750 g Brombeeren

---

6 EL Kokosraspel

3 EL grobkörniger Rohzucker

40 g Butter, weich

---

1. Teig entrollen, mit dem Backpapier ins Blech legen, Boden mit einer Gabel dicht einstechen. Zucker und Mehl mischen, auf dem Boden verteilen, Brombeeren darauf verteilen.

2. **Backen:** ca. 20 Min. auf der untersten Rille des auf 220 Grad vorgeheizten Ofens. Herausnehmen.

3. Kokosraspel, Zucker und Butter mit einer Gabel mischen, auf den Brombeeren verteilen.
   <u>Fertig backen:</u> ca. 15 Min. Herausnehmen, etwas abkühlen, aus dem Blech nehmen, lauwarm oder kalt servieren.

Dazu passt: Flaumig geschlagener Rahm.

Stück (⅛): 317 kcal, F 18 g, Kh 31 g, E 4 g

Pfirsich-Strudelwähe

Vor- und zubereiten: ca. 20 Min.
Backen: ca. 15 Min.

1 Päckli Strudelteig (ca. 120 g)
50 g Butter, flüssig
2 EL Himbeerkonfitüre
3 Pfirsiche, in Schnitzen
40 g gemahlene Mandeln
1 EL grobkörniger Rohzucker

1. Teigblätter sorgfältig auseinanderfalten, mit wenig Butter bestreichen. Zwei Teigblätter auf ein mit Backpapier belegtes Blech legen, restliche zwei Teigblätter versetzt darauflegen, sodass acht Ecken entstehen.

2. Konfitüre auf der Teigmitte verteilen. Pfirsiche ziegelartig darauflegen. Überstehende Teigecken nach innen legen, Rand etwas zusammenraffen, mit wenig Butter bestreichen.

3. Mandeln und Zucker mit der restlichen Butter mischen, über den Teigrand streuen.

4. **Backen:** ca. 15 Min. in der unteren Hälfte des auf 220 Grad vorgeheizten Ofens.

Stück (⅛): 171 kcal, F 9 g, Kh 18 g, E 3 g

Beeren-Zwetschgen-Tarte

Vor- und zubereiten: ca. 30 Min.
Kühl stellen: ca. 2 Std.
Blindbacken: ca. 20 Min.
Für ein Backblech von ca. 28 cm Ø

2 dl **Holundersaft** (Biotta)
1 **frisches Ei**
1 **Bio-Zitrone,**
   nur wenig abgeriebene Schale
2 EL **Zucker**
1 EL **Maizena**
1 **ausgewallter Blätterteig** (ca. 32 cm Ø)
2 dl **Vollrahm**
250 g **Beeren**
   (z. B. Brombeeren und Heidelbeeren)
200 g **Zwetschgen,**
   in Schnitzchen

1. Holundersaft und alle Zutaten bis und mit Maizena in einer Pfanne gut verrühren. Unter ständigem Rühren bei mittlerer Hitze bis vors Kochen bringen, Pfanne von der Platte nehmen, ca. 2 Min. weiterrühren. Creme durch ein Sieb in eine Schüssel giessen, Klarsichtfolie direkt auf die Creme legen, auskühlen, ca. 2 Std. kühl stellen.

2. Teig entrollen, mit dem Backpapier ins Blech legen, Boden mit einer Gabel dicht einstechen. Teig mit Backpapier belegen, mit getrockneten Hülsenfrüchten beschweren.

3. **Blindbacken:** ca. 15 Min. in der unteren Hälfte des auf 220 Grad vorgeheizten Ofens. Backpapier und Hülsenfrüchte entfernen, ca. 5 Min. fertig backen. Herausnehmen, etwas abkühlen, aus dem Blech nehmen, auf einem Gitter auskühlen.

4. Creme glatt rühren. Rahm steif schlagen, sorgfältig unter die Creme ziehen. Creme auf dem Tarte-Boden verteilen, Beeren und Zwetschgen darauf verteilen.

Stück (⅛): 278 kcal, F 17 g, Kh 26 g, E 4 g

Melonen-Quark-Wähe

Vor- und zubereiten: ca. 45 Min.
Blindbacken: ca. 20 Min.
Kühl stellen: ca. 4 Std.
Für ein Backblech von ca. 28 cm Ø

- **1 ausgewallter Mürbeteig** (ca. 32 cm Ø)
- **2 EL Aprikosenkonfitüre**
- **2 Melonen** (ca. 1½ kg; z. B. Charentais), geschält, entkernt
- **3 EL Wasser**
- **4 EL Zucker**
- **8 Blätter Gelatine,** ca. 5 Min. in kaltem Wasser eingelegt, abgetropft
- **250 g Halbfettquark**
- **2 EL Zitronensaft**
- **4 Aprikosen,** in Schnitzchen
- **1 EL Puderzucker**
- **1 EL Zitronensaft**
- **1 EL ungesalzene geschälte Pistazien,** grob gehackt

1. **Teig entrollen,** mit dem Backpapier ins Blech legen, Boden mit einer Gabel dicht einstechen. Teig mit Backpapier belegen, mit getrockneten Hülsenfrüchten beschweren.

2. **Blindbacken:** ca. 15 Min. in der unteren Hälfte des auf 220 Grad vorgeheizten Ofens. Backpapier und Hülsenfrüchte entfernen, ca. 5 Min. fertig backen. Herausnehmen, etwas abkühlen, aus dem Blech nehmen, auf einem Gitter auskühlen. Konfitüre auf dem Wähenboden verteilen.

3. Von den Melonen mit dem Kugelausstecher so viele Kugeln wie möglich ausstechen, zugedeckt kühl stellen. Restliche Melone (ca. 500 g) in Stücke schneiden, mit dem Wasser und dem Zucker aufkochen. Hitze reduzieren, ca. 5 Min. köcheln, fein pürieren. Gelatine unter die heisse Masse rühren, durch ein Sieb in eine Schüssel streichen, etwas abkühlen.

4. Quark und Zitronensaft unter die Melonenmasse rühren, auf dem Wähenboden verteilen, zugedeckt im Kühlschrank ca. 4 Std. fest werden lassen.

5. Kühl gestellte Melonenkugeln, Aprikosen, Puderzucker und Zitronensaft mischen, auf der Wähe verteilen, Pistazien darüberstreuen.

Stück (⅛): 280 kcal, F 10 g, Kh 38 g, E 8 g

Himbeerwähe

Vor- und zubereiten: ca. 45 Min.
Kühl stellen: ca. 1¾ Std.
Backen: ca. 20 Min.
Für 2 Backbleche «della Nonna», gefettet

---

200 g Mehl
½ TL Salz
100 g Butter, in Stücken, kalt
125 g Halbfettquark
1 EL Wasser

---

300 g Rahmquark
2 Eier
1 Bio-Zitrone, wenig abgeriebene Schale
75 g Zucker
2 EL Mehl

---

250 g Himbeeren
4 EL Puderzucker
2 TL Zitronensaft
3 EL Wasser
½ TL Agar-Agar (Morga)

---

1. Mehl und Salz in einer Schüssel mischen. Butter beigeben, von Hand zu einer gleichmässig krümeligen Masse verreiben. Quark und Wasser beigeben, rasch zu einem weichen Teig zusammenfügen, nicht kneten. Teig flach drücken, zugedeckt ca. 30 Min. kühl stellen.

2. Teig halbieren, rechteckig (ca. 15×40 cm) auswallen, in die vorbereiteten Bleche legen, mit einer Gabel dicht einstechen, ca. 15 Min. kühl stellen.

3. Quark und alle Zutaten bis und mit Mehl gut verrühren. Füllung auf die Teigböden giessen.

4. **Backen:** ca. 20 Min. auf der untersten Rille des auf 220 Grad vorgeheizten Ofens. Herausnehmen, in den Blechen auf einem Gitter auskühlen.

5. Himbeeren und alle Zutaten bis und mit Wasser pürieren, durch ein Sieb in eine Pfanne streichen. Agar-Agar mit dem Schwingbesen darunterrühren, aufkochen. Hitze reduzieren, unter ständigem Rühren ca. 2 Min. köcheln. Heiss auf die Wähe giessen, auskühlen, ca. 1 Std. im Kühlschrank fest werden lassen.

Tipps

– Eine runde Wähe (ca. 24 cm Ø) backen.

– Schneller: Ausgewallten Kuchenteig (ca. 25×42 cm) verwenden.

Stück (¹⁄₁₂): 245 kcal, F 13 g, Kh 24 g, E 6 g

Zwetschgenwähe

Vor- und zubereiten: ca. 15 Min.
Backen: ca. 30 Min.
Für ein Backblech von ca. 28 cm Ø

1 ausgewallter Dinkelkuchenteig (ca. 32 cm Ø)
4 EL Mandelblättchen
600 g Zwetschgen, geviertelt
2 dl Milch
1 Ei
4 EL Zucker
1 Päckli Vanillezucker
1 EL Maizena
4 EL Mandelblättchen
1½ EL Zucker
50 g Butter, in Stücken

1. Teig entrollen, mit dem Backpapier ins Blech legen, Boden mit einer Gabel dicht einstechen. Mandelblättchen auf dem Teigboden verteilen, Zwetschgen darauflegen.

2. Milch und alle Zutaten bis und mit Maizena gut verrühren, über die Zwetschgen giessen.

3. Mandelblättchen dem Rand entlang auf die Wähe streuen, Zucker darüberstreuen, Butter darauf verteilen.

4. **Backen:** ca. 30 Min. auf der untersten Rille des auf 220 Grad vorgeheizten Ofens. Herausnehmen, etwas abkühlen, aus dem Blech nehmen, lauwarm oder kalt servieren.

Stück (⅛): 344 kcal, F 21 g, Kh 30 g, E 7 g

Blueberry-Tarte mit Vanillerahm

Vor- und zubereiten: ca. 20 Min.
Backen: ca. 30 Min.

1 ausgewallter Mürbeteig (ca. 32 cm Ø)
2 EL Mehl
2 EL Rohzucker
500 g Heidelbeeren
2 dl Vollrahm
1 EL Rohzucker
1 Vanillestängel, längs aufgeschnitten, nur ausgekratzte Samen
1 EL Rum

1. Teig entrollen, mit dem Backpapier auf ein Backblech ziehen. Mehl und Zucker mischen, auf den Teig streuen. Beeren darauf verteilen, dabei einen Rand von ca. 4 cm frei lassen. Rand sorgfältig über die Beeren legen.

2. **Backen:** ca. 30 Min. auf der untersten Rille des auf 220 Grad vorgeheizten Ofens. Herausnehmen, mit dem Backpapier auf ein Gitter ziehen, auskühlen.

3. Rahm mit allen restlichen Zutaten flaumig schlagen, zur Tarte servieren.

Stück (⅛): 315 kcal, F 17 g, Kh 34 g, E 3 g

Kirschenwähe mit Cantucci

Vor- und zubereiten: ca. 20 Min.
Backen: ca. 30 Min.
Für 2 Backbleche «légère»

- **1 ausgewallter Kuchenteig** (ca. 25×42 cm)
- **150 g Cantucci,** zerbröckelt
- **250 g Mascarpone**
- **2 Eier**
- **50 g Zucker**
- **3 EL Amaretto**
- **800 g Kirschen,** entsteint

1. Teig entrollen, in die Bleche legen, Böden mit einer Gabel dicht einstechen, mit ⅓ der Cantucci bestreuen.

2. Mascarpone in einer Schüssel gut verrühren, Eier, Zucker und Amaretto beigeben, weiterrühren, bis sich der Zucker aufgelöst hat. Kirschen sorgfältig daruntermischen, auf den Teigböden verteilen, restliche Cantucci darüberstreuen.

3. **Backen:** ca. 30 Min. auf der untersten Rille des auf 220 Grad vorgeheizten Ofens. Herausnehmen, etwas abkühlen, aus den Blechen nehmen, auf einem Gitter auskühlen.

Stück (⅛): 509 kcal, F 29 g, Kh 48 g, E 10 g

Herbst
wähen

Cranberry-Wähe

Vor- und zubereiten: ca. 30 Min.
Kühl stellen: ca. 30 Min.
Backen: ca. 35 Min.
Für ein Backblech von ca. 28 cm Ø,
Boden mit Backpapier belegt,
Rand gefettet

200 g Mehl
½ TL Salz
75 g Butter, in Stücken, kalt
1 dl Wasser
50 g Pekannüsse, fein gehackt
500 g Cranberrys
2 Bio-Orangen, wenig abgeriebene Schale und ganzer Saft (ca. 2 dl)
4 EL Zucker
1½ EL Maizena
50 g Pekannüsse, grob gehackt
3 EL Ahornsirup
200 g Crème fraîche

1. Mehl und Salz in einer Schüssel mischen. Butter beigeben, von Hand zu einer gleichmässig krümeligen Masse verreiben. Wasser dazugiessen, rasch zu einem weichen Teig zusammenfügen, nicht kneten. Teig flach drücken, zugedeckt ca. 30 Min. kühl stellen.

2. Teig auf wenig Mehl rund auswallen, ins vorbereitete Blech legen, Boden mit einer Gabel dicht einstechen, mit den Nüssen bestreuen, Cranberrys darauf verteilen.

3. Orangenschale und -saft mit Zucker und Maizena gut verrühren, über die Cranberrys giessen.

4. **Backen:** ca. 35 Min. auf der untersten Rille des auf 220 Grad vorgeheizten Ofens. Herausnehmen, etwas abkühlen, aus dem Blech nehmen, auf einem Gitter auskühlen.

5. Nüsse über die Wähe streuen, mit der Hälfte des Ahornsirups beträufeln, restlichen Sirup mit der Crème fraîche mischen, zur Wähe servieren.

Schneller: Ausgewallten Kuchenteig (ca. 32 cm Ø) verwenden.

Stück (⅛): 414 kcal, F 27 g, Kh 41 g, E 5 g

Feigen-Heidelbeer-Wähe

Vor- und zubereiten: ca. 1 Std.
Backen: ca. 20 Min.
Für ein Backblech von ca. 28 cm Ø

1 ausgewallter Kuchenteig (ca. 32 cm Ø)
2 EL Cassiskonfitüre
4 Feigen, in Scheiben
125 g Heidelbeeren
3 Feigen, in Schnitzchen
125 g Heidelbeeren
2 dl Vollrahm,
steif geschlagen
180 g griechisches Joghurt nature
2 EL ungesalzene geschälte Pistazien,
grob gehackt
1 EL flüssiger Honig

1. Teig entrollen, mit dem Backpapier ins Blech legen, Boden dicht mit einer Gabel einstechen, mit Konfitüre bestreichen. Feigen und Heidelbeeren darauf verteilen.

2. **Backen:** ca. 20 Min. in der unteren Hälfte des auf 220 Grad vorgeheizten Ofens. Herausnehmen, ca. 30 Min. auf einem Gitter stehen lassen, aus dem Blech nehmen, auskühlen.

3. Feigen und Heidelbeeren auf der Wähe verteilen. Schlagrahm und Joghurt mischen, daraufgeben. Pistazien darüberstreuen, Honig darüberträufeln.

Stück (⅛): 320 kcal, F 20 g, Kh 28 g, E 4 g

Traubenwähe mit Meringage

Vor- und zubereiten: ca. 30 Min.
Kühl stellen: ca. 15 Min.
Backen/überbacken: ca. 23 Min.
Für ein Backblech von ca. 28 cm Ø

1 ausgewallter Blätterteig (ca. 32 cm Ø)
2½ dl Süsswein
(z. B. Moscato)
3 frische Eigelbe
1½ EL Zucker
1 EL Maizena
3 frische Eiweisse
1 Prise Salz
150 g feinster Zucker
500 g kernlose rosa Trauben

1. Teig entrollen, mit dem Backpapier ins Blech legen, Boden mit einer Gabel dicht einstechen, ca. 15 Min. kühl stellen.

2. Süsswein und alle Zutaten bis und mit Maizena gut verrühren, auf den Teigboden giessen.

3. **Backen:** ca. 20 Min. auf der untersten Rille des auf 220 Grad vorgeheizten Ofens. Herausnehmen, etwas abkühlen, aus dem Blech nehmen, auf einem Gitter auskühlen.

4. Eiweisse mit dem Salz steif schlagen. Die Hälfte des Zuckers beigeben, weiterschlagen, bis der Eischnee glänzt. Restlichen Zucker beigeben, weiterschlagen, bis der Eischnee feinporig und sehr steif ist. ¾ der Trauben auf der Wähe verteilen. Eischnee darauf verteilen, mit einer Gabel Spitzen formen. Restliche Trauben darüberstreuen.

5. **Überbacken:** ca. 3 Min. in der oberen Hälfte des auf 240 Grad vorgeheizten Ofens (nur Oberhitze oder Grill).

Stück (⅛): 310 kcal, F 10 g, Kh 46 g, E 5 g

Trauben-Marroni-Wähe

Vor- und zubereiten: ca. 30 Min.
Backen: ca. 25 Min.
Für ein Wähenblech von
ca. 28 cm Ø

1 ausgewallter Mürbeteig (ca. 32 cm Ø)
100 g Zucker
2 Eigelbe
3 EL Kirsch
440 g tiefgekühltes Marronipüree, aufgetaut
2 Eiweisse
1 Prise Salz
2 EL Zucker
je 300 g weisse und blaue Trauben, halbiert, entkernt
2 EL Zucker
1 EL Zitronensaft

1. Teig entrollen, mit dem Backpapier ins Blech legen, Boden mit einer Gabel dicht einstechen, kühl stellen.

2. Zucker, Eigelbe und Kirsch so lange verrühren, bis die Masse hell ist. Marronipüree darunterrühren. Eiweisse mit dem Salz steif schlagen. Zucker beigeben, weiterschlagen, bis der Eischnee glänzt, sorgfältig unter das Püree ziehen, auf dem Teigboden verteilen.

3. **Backen:** ca. 25 Min. auf der untersten Rille des auf 220 Grad vorgeheizten Ofens. Herausnehmen, etwas abkühlen, aus dem Blech nehmen, auf einem Gitter auskühlen.

4. Trauben, Zucker und Zitronensaft mischen, auf der Wähe verteilen.

Stück (⅛): 420 kcal, F 10 g, Kh 72 g, E 5 g

Birnenwähe mit Nussguss

Vor- und zubereiten: ca. 25 Min.
Backen: ca. 35 Min.
Für 2 Backbleche «légère»

1 ausgewallter Kuchenteig (ca. 25×42 cm)

200 g gemahlene Haselnüsse

80 g Zucker

50 g dunkle Schokolade, grob gehackt

1 Päckli Vanillezucker

2 dl Rahm

800 g Birnen (z. B. Gute Luise), in Schnitzchen

30 g Butter, in Stücken

20 g dunkle Schokolade, grob gerieben

1. Teig entrollen, quer halbieren, in die Bleche legen, Böden mit einer Gabel dicht einstechen.

2. Nüsse und alle Zutaten bis und mit Rahm mischen, auf den Böden verteilen. Birnen in die Masse stecken, Butter darauf verteilen.

3. **Backen:** ca. 35 Min. auf der untersten Rille des auf 200 Grad vorgeheizten Ofens. Herausnehmen, etwas abkühlen, aus den Blechen nehmen, auf einem Gitter auskühlen. Schokolade darüberstreuen.

Stück (⅛): 577 kcal, F 39 g, Kh 45 g, E 7 g

Genfer Birnenkuchen

Vor- und zubereiten: ca. 30 Min.
Backen: ca. 35 Min.
Für ein Backblech von ca. 30 cm Ø

---

1 ausgewallter Kuchenteig (ca. 32 cm Ø)

3½ EL Rohzucker

3 EL Mehl

wenig Zimt

---

8 Birnen, in Scheibchen

100 g dunkle Sultaninen

100 g Zitronat

½ dl Weisswein

3 EL Baumnussöl

1½ dl Vollrahm

60 g Rohzucker

1. Teig entrollen, mit dem Backpapier ins Blech legen, Boden mit einer Gabel dicht einstechen. Zucker, Mehl und Zimt mischen, auf dem Teigboden verteilen.

2. Birnen und alle Zutaten bis und mit Öl mischen, darauf verteilen. Rahm mit Rohzucker verrühren, darübergiessen.

3. **Backen:** ca. 35 Min. auf der untersten Rille des auf 220 Grad vorgeheizten Ofens. Herausnehmen, auf einem Gitter etwas abkühlen, lauwarm oder kalt servieren.

Stück (⅛): 452 kcal, F 19 g, Kh 63 g, E 4 g

Apfelwähe

Vor- und zubereiten: ca. 20 Min.
Backen: ca. 35 Min.
Für ein Backblech von ca. 30 cm Ø

1 ausgewallter Kuchenteig (ca. 32 cm Ø)
4 EL gemahlene Mandeln
1 EL Zucker
2 dl Vollrahm
2 Eier
3 EL Zucker
1 TL Zimt
800 g Äpfel (z. B. Primerouge)
2 EL dunkle Sultaninen, nach Belieben

1. Teig entrollen, mit dem Backpapier ins Blech legen. Boden mit einer Gabel dicht einstechen, Mandeln und Zucker auf dem Teigboden verteilen.

2. Rahm, Eier, Zucker und Zimt verrühren. Äpfel an der Röstiraffel dazureiben. Sultaninen daruntermischen, auf dem Teigboden verteilen.

3. **Backen:** ca. 35 Min. auf der untersten Rille des auf 220 Grad vorgeheizten Ofens. Herausnehmen, etwas abkühlen, lauwarm oder kalt servieren.

Tipp: Statt Äpfel Birnen verwenden.

Stück (⅛): 349 kcal, F 21 g, Kh 32 g, E 6 g

Apfelwähe mit Himbeeren

Vor- und zubereiten: ca. 20 Min.
Backen: ca. 25 Min.
Für 2 Backbleche «della Nonna», gefettet

---

1 ausgewallter Kuchenteig (ca. 25×42 cm)

6 EL gemahlene Haselnüsse

8 mittelgrosse säuerliche Äpfel (z. B. Boskoop), in Schnitzen

50 g Butter, in Stücken

2 EL Zucker

3 EL Haselnüsse, grob gehackt

---

150 g Himbeeren

wenig Puderzucker

---

1. Teig entrollen, längs halbieren, jeweils etwas grösser auswallen. Teige in die vorbereiteten Bleche legen, Böden mit einer Gabel dicht einstechen, mit den Nüssen bestreuen. Äpfel auf den Teigböden verteilen, Butter darauf verteilen, Zucker und Nüsse darüberstreuen.

2. **Backen:** ca. 25 Min. auf der untersten Rille des auf 220 Grad vorgeheizten Ofens. Herausnehmen, etwas abkühlen, aus den Blechen nehmen, auf einem Gitter auskühlen.

3. Himbeeren auf der Wähe verteilen, mit Puderzucker bestäuben.

Stück ($1/_{12}$): 255 kcal, F 15 g, Kh 25 g, E 3 g

Knuspriger Apfel-Birnen-Fladen

Vor- und zubereiten: ca. 30 Min.
Kühl stellen: ca. 30 Min.
Backen: ca. 25 Min.

200 g Mehl
80 g Zucker
½ TL Salz
1 Bio-Zitrone, nur abgeriebene Schale
100 g Butter, in Stücken, kalt
1 Ei, verklopft
2 rotschalige Äpfel
2 Birnen
2 EL Zucker
25 g Butter, in Stücken
Puderzucker zum Bestäuben

1. Mehl, Zucker, Salz und Zitronenschale in einer Schüssel mischen. Butter beigeben, von Hand zu einer gleichmässig krümeligen Masse verreiben. Ei beigeben, rasch zu einem weichen Teig zusammenfügen, nicht kneten. Teig flach drücken, zugedeckt ca. 30 Min. kühl stellen.

2. Teig auf wenig Mehl ca. 4 mm dick auswallen, auf ein mit Backpapier belegtes Blech legen. Äpfel und Birnen in ca. 4 mm dicke Scheiben hobeln, auf dem Teig verteilen, dabei ringsum einen Rand von ca. 2 cm frei lassen. Zucker und Butter auf den Früchten verteilen.

3. Backen: ca. 25 Min. auf der untersten Rille des auf 220 Grad vorgeheizten Ofens. Herausnehmen, etwas abkühlen. Fladen mit Puderzucker bestäuben.

Schneller: Ausgewallten Mürbeteig (ca. 32 cm Ø) verwenden.

Stück (⅛): 313 kcal, F 15 g, Kh 38 g, E 4 g

Birnenwähe mit Herbstlaub

Vor- und zubereiten: ca. 40 Min.
Backen: ca. 40 Min.
Für ein Backblech von ca. 28 cm Ø

2 ausgewallte Kuchenteige (je ca. 32 cm Ø)

900 g Birnen
(z. B. Gute Luise), geschält, grob gerieben

150 g gemahlene Haselnüsse

100 g Zucker

50 g Sultaninen

1 EL Zitronensaft

1 TL Zimt

1 Ei, verklopft

1. Einen Teig entrollen, Blättchen von je ca. 4½ cm Ø ausstechen, kühl stellen. Zweiten Teig entrollen, mit dem Backpapier ins Blech legen, Boden mit einer Gabel dicht einstechen.

2. Birnen und alle Zutaten bis und mit Zimt mischen, auf dem Teigboden verteilen.

3. Beiseite gestellte Teigblättchen dem Rand entlang bis hin zur Mitte auf die Masse legen, mit wenig Ei bestreichen.

4. **Backen:** ca. 40 Min. auf der untersten Rille des auf 200 Grad vorgeheizten Ofens. Herausnehmen, etwas abkühlen, aus dem Blech nehmen, auf einem Gitter auskühlen.

Stück (⅛): 528 kcal, F 28 g, Kh 56 g, E 8 g

Quittenwähe

Vor- und zubereiten: ca. 45 Min.
Kühl stellen: ca. 30 Min.
Backen: ca. 35 Min.
Für ein Backblech von ca. 30 cm Ø, mit Backpapier belegt

200 g Mehl
80 g Zucker
½ TL Salz
1 Bio-Zitrone, nur abgeriebene Schale
120 g Butter, in Stücken, kalt
1 Ei, verklopft
800 g Quitten, mit einem Tuch abgerieben, geschält, geviertelt, entkernt, in dünnen Scheiben
1 dl Rahm
1 dl Milch
2 Eier
3 EL Zucker
1 Päckli Vanillezucker

1. Mehl, Zucker, Salz und Zitronenschale in einer Schüssel mischen. Butter beigeben, von Hand zu einer gleichmässig krümeligen Masse verreiben. Ei beigeben, rasch zu einem weichen Teig zusammenfügen, nicht kneten. Teig flach drücken, zugedeckt ca. 30 Min. kühl stellen.

2. Teig auf wenig Mehl rund auswallen, ins vorbereitete Blech legen, Boden mit einer Gabel dicht einstechen. Quitten darauf verteilen. Rahm und alle restlichen Zutaten verrühren, darübergiessen.

3. **Backen:** ca. 35 Min. auf der untersten Rille des auf 220 Grad vorgeheizten Ofens. Herausnehmen, etwas abkühlen, aus dem Blech nehmen, auf einem Gitter auskühlen.

Stück (⅛): 384 kcal, F 21 g, Kh 39 g, E 6 g

Winter wähen

Bananenwähe mit Schokolade

Vor- und zubereiten: ca. 25 Min.
Kühl stellen: ca. 40 Min.
Blindbacken: ca. 20 Min.
Für 2 Backbleche «légère»

- **1 ausgewallter Blätterteig** (ca. 25 × 42 cm)
- **2 dl Milch**
- **2 EL Zucker**
- **½ TL Vanillezucker**
- **1 EL Maizena**
- **1 frisches Ei**
- **1 frisches Eigelb**
- **3 Blatt Gelatine**, ca. 5 Min. in kaltem Wasser eingelegt, abgetropft
- **1 dl Rahm**
- **4 Bananen** (ca. 600 g)
- **1 EL Zitronensaft**
- **½ Beutel dunkle Kuchenglasur** (ca. 60 g), geschmolzen

1. Teig entrollen, quer halbieren, in die Bleche legen, Böden mit einer Gabel dicht einstechen, Teige mit Backpapier belegen, mit getrockneten Hülsenfrüchten beschweren.

2. **Blindbacken:** ca. 10 Min. in der unteren Hälfte des auf 220 Grad vorgeheizten Ofens. Hitze auf 200 Grad reduzieren, Backpapier und Hülsenfrüchte entfernen, Böden ca. 10 Min. fertig backen. Herausnehmen, auf einem Gitter auskühlen.

3. Milch und alle Zutaten bis und mit Eigelb mit dem Schwingbesen gut verrühren. Unter ständigem Rühren bei mittlerer Hitze bis vors Kochen bringen, sobald die Masse bindet, Pfanne sofort von der Platte nehmen, ca. 2 Min. weiterrühren. Gelatine unter die heisse Creme rühren, durch ein Sieb in eine Schüssel giessen. Kühl stellen, bis die Masse am Rand leicht fest ist, glatt rühren.

4. Rahm steif schlagen, unter die Creme ziehen, Creme auf den Wähenböden verteilen. Bananen schräg in Scheiben schneiden, mit dem Zitronensaft mischen, auf die Creme legen, mit Schokoladeglasur verzieren.

Stück (⅛): 350 kcal, F 19 g, Kh 38 g, E 6 g

Mango-Tarte-Tatin

Vor- und zubereiten: ca. 20 Min.
Backen: ca. 35 Min.
Für 2 Backbleche «légère»,
Böden exakt mit Backpapier belegt

- **2 EL Butter,** weich
- **2 EL Zucker**
- **3 Mangos** (je ca. 350 g), in ca. 5 mm dicken Scheiben
- **½ Zitrone,** nur Saft
- **½ EL Ingwer,** fein gerieben
- **1 ausgewallter Blätterteig** (ca. 25 × 42 cm)

1. Butter und Zucker auf den Böden der vorbereiteten Bleche verteilen. Mangoscheiben mit Zitronensaft beträufeln, ziegelartig auf dem Zucker verteilen, Ingwer darauf verteilen. Teig entrollen, quer halbieren, mit einer Gabel dicht einstechen. Teige locker über die Mangos legen. Teigrand zwischen Mangos und Blechrand schieben.

2. **Backen:** ca. 35 Min. in der unteren Hälfte des auf 220 Grad vorgeheizten Ofens. Herausnehmen, ca. 2 Min. stehen lassen, sorgfältig auf eine Platte stürzen, noch warm servieren.

Lässt sich vorbereiten: Tarte ca. ½ Tag im Voraus mit dem Blätterteig bedeckt zugedeckt im Kühlschrank aufbewahren. Kurz vor dem Servieren backen.

Dazu passt: Schlagrahm oder Vanilleglace.

Stück (⅛): 252 kcal, F 12 g, Kh 32 g, E 3 g

Lemon-Tarte mit Kiwi

Vor- und zubereiten: ca. 30 Min.
Blindbacken: ca. 25 Min.
Kühl stellen: ca. 3 Std.
Für ein Backblech von ca. 28 cm Ø, gefettet

---

180 g Mehl
2 EL Kakaopulver
80 g Zucker
½ TL Salz
120 g Butter, in Stücken, kalt
1 Ei, verklopft

2½ dl Wasser
1 Prise Salz
30 g Butter
3 EL Maizena
3 EL Wasser
120 g Zucker
2 frische Eigelbe
2–3 Bio-Zitronen, abgeriebene Schale und 1 dl Saft
5 Kiwi, 3 in Scheiben, 2 in Schnitzen

---

1. Mehl, Kakaopulver, Zucker und Salz in einer Schüssel mischen. Butter beigeben, von Hand zu einer gleichmässig krümeligen Masse verreiben. Ei beigeben, rasch zu einem weichen Teig zusammenfügen, nicht kneten. Teig flach drücken, zugedeckt ca. 30 Min. kühl stellen.

2. Teig auf wenig Mehl auswallen, ins vorbereitete Blech legen, Boden mit einer Gabel dicht einstechen. Teig mit Backpapier belegen und mit getrockneten Hülsenfrüchten beschweren.

3. **Blindbacken:** ca. 15 Min. in der unteren Hälfte des auf 220 Grad vorgeheizten Ofens. Backpapier und Hülsenfrüchte entfernen, ca. 10 Min. fertig backen. Herausnehmen, auf einem Gitter auskühlen, sorgfältig aus dem Blech nehmen.

4. Wasser mit Salz und Butter aufkochen. Maizena mit dem Wasser anrühren, mit Zucker und Eigelben verrühren, unter Rühren mit dem Schwingbesen in die siedende Flüssigkeit geben, unter Rühren aufkochen, Pfanne von der Platte nehmen.

5. Zitronenschale und -saft beigeben, verrühren, auf den Tarte-Boden giessen, auskühlen, ca. 2½ Std. kühl stellen. Vor dem Servieren Tarte mit Kiwi belegen.

Stück (⅛): 414 kcal, F 21 g, Kh 50 g, E 5 g

Exotische Limettenwähe (im Bild unten)

Vor- und zubereiten: ca. 20 Min.
Backen: ca. 30 Min.
Für 2 Backbleche «légère»

- **1 ausgewallter Kuchenteig** (ca. 25×42 cm)
- **4 EL gemahlene Mandeln**
- **450 g Rahmquark**
- **1½ EL Maizena**
- **1 Ei**
- **1 Limette,** heiss abgespült, trocken getupft, abgeriebene Schale und Saft
- **1 dl Wasser**
- **100 g Zucker**
- **2 Limetten,** heiss abgespült, trocken getupft, in dünnen Scheiben
- **3 EL Pinienkerne,** geröstet

1. Teig entrollen, quer halbieren, in die Bleche legen, Böden mit einer Gabel dicht einstechen, mit den Mandeln bestreuen.

2. Quark, Maizena und Ei gut verrühren. Limettenschale und -saft unter die Masse rühren, auf den Teigböden verteilen, glatt streichen.

3. **Backen:** ca. 30 Min. auf der untersten Rille des auf 220 Grad vorgeheizten Ofens. Herausnehmen, etwas abkühlen, aus den Blechen nehmen, auf einem Gitter auskühlen.

4. Wasser und Zucker aufkochen, ca. 2 Min. köcheln. Limettenscheiben beigeben, kurz köcheln, mit einer Gabel herausnehmen, auf einem Gitter abtropfen. Limettenscheiben auf den Wähen verteilen, Pinienkerne darüberstreuen.

Stück (⅛): 389 kcal, F 23 g, Kh 34 g, E 10 g

Variante: Exotische Mangowähe (im Bild oben) Limettenscheiben im Zuckersirup und Pinienkerne weglassen. Wähen mit 1 Mango, in Scheiben, belegen. 3 Passionsfrüchte, Fruchtfleisch ausgekratzt, kurz püriert, mit 1 EL Puderzucker mischen, Wähen damit beträufeln.

Schlorzifladen

Vor- und zubereiten: ca. 35 Min.
Backen: ca. 30 Min.
Für 2 Backbleche «della Nonna», gefettet

---

3 dl roter Portwein
½ dl Wasser
2 EL Zucker
1 TL Zimt
200 g entsteinte Dörrpflaumen

---

1 ausgewallter Kuchenteig (ca. 25×42 cm)
3 dl Rahm
2 EL Maizena
2 Eier
4 EL Zucker
1 Prise Salz

---

1. Portwein, Wasser, Zucker und Zimt in eine Pfanne geben, aufkochen, Hitze reduzieren. Dörrpflaumen beigeben, offen ca. 20 Min. weich köcheln, fein pürieren, abkühlen.

2. Teig entrollen, längs halbieren, in die vorbereiteten Bleche legen, Böden mit einer Gabel dicht einstechen, Füllung darauf verteilen, glatt streichen.

3. Rahm und alle restlichen Zutaten verrühren, auf die Füllung giessen.

4. **Backen:** ca. 30 Min. in der unteren Hälfte des auf 200 Grad vorgeheizten Ofens. Herausnehmen, etwas abkühlen, aus den Blechen nehmen, auf einem Gitter auskühlen.

Schneller: Statt Dörrpflaumenfüllung ca. 300 g gekaufte Birnenweggenfüllung verwenden.

Stück (1/12): 287 kcal, F 16 g, Kh 29 g, E 4 g

Ananas-Tarte mit Schokorahm

Vor- und zubereiten: ca. 30 Min.
Kühl stellen: ca. 4 Std.
Caramelisieren/backen: ca. 31 Min.
Für ein Backblech von ca. 30 cm Ø, gefettet, Boden exakt mit Backpapier belegt

- 1½ dl Rahm
- 75 g weisse Schokolade, zerbröckelt
- 1 EL Kokosraspel
- 100 g Zucker
- 25 g Butter, in Stücken
- 1 Ananas (ca. 1,5 kg), geschält, in Vierteln, Strunk entfernt, in feinen Scheiben
- 3 EL Kokosraspel
- 1 ausgewallter Blätterteig (ca. 32 cm Ø)

1. Rahm aufkochen, Pfanne von der Platte nehmen, etwas abkühlen, Schokolade beigeben, rühren, bis sie geschmolzen ist. Kokosraspel daruntermischen, zugedeckt ca. 4 Std. kühl stellen.

2. Zucker auf dem vorbereiteten Blechboden verteilen.

3. **Caramelisieren:** ca. 6 Min. in der Mitte des auf 220 Grad vorgeheizten Ofens, bis der Zucker hellbraun ist. Herausnehmen, Butter auf dem Caramel verteilen.

4. Ananas auf den Caramel legen, Kokosraspel darüberstreuen. Teig mit einer Gabel dicht einstechen, locker über den Belag legen. Teigrand vorsichtig zwischen Formenrand und Belag schieben.

5. **Backen:** ca. 25 Min. in der unteren Hälfte des auf 220 Grad vorgeheizten Ofens. Herausnehmen, ca. 2 Min. stehen lassen, sorgfältig auf eine Tortenplatte stürzen, Papier ablösen, etwas abkühlen.

6. Schokoladerahm mit den Schwingbesen des Handrührgeräts flaumig schlagen, zur lauwarmen Tarte servieren.

Stück (⅛): 401 kcal, F 23 g, Kh 42 g, E 3 g

Marroniwähe mit Mandarinen

Vor- und zubereiten: ca. 30 Min.
Blindbacken: ca. 20 Min.
Kühl stellen: ca. 2 Std.
Für ein Backblech von ca. 28 cm Ø

1 ausgewallter Mürbeteig (ca. 32 cm Ø)

1 Päckli Kastanien in Caramelsauce (ca. 300 g),
5 Kastanien beiseite gelegt

2 Blatt Gelatine, ca. 5 Min. in kaltem Wasser eingelegt, abgetropft

150 g Rahmquark

3 EL Zucker

1 dl Rahm

3 Mandarinen, in Schnitzen, längs halbiert, Saft aufgefangen

1. Teig entrollen, mit dem Backpapier ins Blech legen, Boden mit einer Gabel dicht einstechen. Teig mit Backpapier belegen und mit getrockneten Hülsenfrüchten beschweren.

2. **Blindbacken:** ca. 10 Min. in der unteren Hälfte des auf 220 Grad vorgeheizten Ofens. Backpapier und Hülsenfrüchte entfernen, ca. 10 Min. fertig backen. Herausnehmen, etwas abkühlen, aus dem Blech nehmen, auf einem Gitter auskühlen.

3. Kastanien abtropfen, dabei Caramelsauce auffangen. Kastanien grob hacken, auf dem Wähenboden verteilen. Aufgefangene Caramelsauce in einer kleinen Pfanne heiss werden lassen. Gelatine in der Caramelsauce auflösen, etwas abkühlen. Quark und Zucker in einer weiten Schüssel verrühren. 2 EL Quark unter den Caramel rühren, sofort gut unter den restlichen Quark rühren. Kühl stellen, bis die Masse am Rand leicht fest ist, glatt rühren.

4. Rahm flaumig schlagen, sorgfältig unter die Masse ziehen, auf dem Wähenboden verteilen, glatt streichen, zugedeckt ca. 2 Std. kühl stellen.

5. Mandarinenschnitze mit dem Saft mischen, auf der Wähe verteilen, beiseite gelegte Kastanien darauflegen.

Stück (⅛): 349 kcal, F 16 g, Kh 45 g, E 5 g

Apfelwähe mit Grapefruits

Vor- und zubereiten: ca. 20 Min.
Backen: ca. 25 Min.
Für ein Backblech von ca. 30 cm Ø

- **1 ausgewallter Dinkel-Kuchenteig** (ca. 32 cm Ø)
- **3 EL Cashew-Nüsse,** grob gehackt
- **4 Äpfel** (z. B. Summerred), in feinen Scheiben
- **2 EL Zucker**
- **25 g Butter,** in Stücken
- **2 Grapefruits**
- **25 g Datteln,** grob geschnitten
- **2 EL Cashew-Nüsse,** geröstet, grob gehackt
- **1 EL flüssiger Honig**

1. Teig entrollen, mit dem Backpapier ins Blech legen, Boden mit einer Gabel dicht einstechen, mit Nüssen bestreuen, Äpfel ziegelartig darauflegen, Zucker und Butter darauf verteilen.

2. **Backen:** ca. 25 Min. auf der untersten Rille des auf 220 Grad vorgeheizten Ofens. Herausnehmen, etwas abkühlen, aus dem Blech nehmen, auf einem Gitter auskühlen.

3. Von den Grapefruits Boden und Deckel, dann Schale ringsum bis auf das Fruchtfleisch wegschneiden, Fruchtfilets (Schnitze) mit einem scharfen Messer zwischen den weissen Häutchen herausschneiden. Fruchtfilets, Datteln und Nüsse auf der Wähe verteilen, Honig darüberträufeln.

Stück (1/8): 284 kcal, F 14 g, Kh 33 g, E 5 g

Orangenwähe

Vor- und zubereiten: ca. 25 Min.
Backen: ca. 30 Min.
Für ein Backblech von ca. 28 cm Ø

- **1 ausgewallter Blätterteig** (ca. 32 cm Ø)
- **100 g Dörraprikosen** (soft), in Stücken
- **3 dl Blutorangensaft**
- **2 Eier**
- **1 EL Maizena**
- **3 Orangen,** in Scheiben
- **5 Dörraprikosen** (soft), in Streifen
- **½ Granatapfel,** Kerne ausgelöst

1. Teig entrollen, mit dem Backpapier ins Blech legen, Boden mit einer Gabel dicht einstechen.
2. Dörraprikosen mit dem Orangensaft pürieren, Eier und Maizena darunterrühren. Masse auf den Teigboden giessen.
3. **Backen:** ca. 30 Min. auf der untersten Rille des auf 220 Grad vorgeheizten Ofens. Herausnehmen, etwas abkühlen, aus dem Blech nehmen, auf einem Gitter auskühlen.
4. Orangen, Aprikosen und Granatapfelkerne auf der Wähe verteilen.

Stück (⅛): 234 kcal, F 9 g, Kh 31 g, E 5 g

Lebkuchenwähe mit Zitrusfrüchten

Vor- und zubereiten: ca. 40 Min.
Backen: ca. 35 Min.
Für ein Backblech von ca. 28 cm Ø

1 ausgewallter Kuchenteig (ca. 32 cm Ø)
3 Eigelbe
90 g Zucker
1 EL heisses Wasser
3 Eiweisse
1 Prise Salz
1 EL Zucker
150 g gemahlene Haselnüsse
2 EL Kakaopulver
1 EL Lebkuchengewürz
1 rosa Grapefruit
2 Orangen, in Scheiben
1 Mandarine, in Scheiben
50 g Haselnüsse, grob gehackt, geröstet

1. Teig entrollen, mit dem Backpapier ins Blech legen, Boden mit einer Gabel dicht einstechen. Teig mit Backpapier belegen, mit getrockneten Hülsenfrüchten beschweren.

2. **Blindbacken:** ca. 15 Min. auf der untersten Rille des auf 200 Grad vorgeheizten Ofens. Herausnehmen, Backpapier und Hülsenfrüchte entfernen, etwas abkühlen.

3. Eigelbe, Zucker und Wasser in einer Schüssel mit den Schwingbesen des Handrührgeräts ca. 5 Min. rühren, bis die Masse schaumig ist.

4. Eiweisse mit dem Salz steif schlagen. Zucker darunterrühren, weiterrühren, bis der Eischnee glänzt. Nüsse, Kakaopulver und Lebkuchengewürz mischen, lagenweise mit dem Eischnee auf die Masse geben, mit dem Gummischaber darunterziehen, auf dem Wähenboden verteilen.

5. **Fertig backen:** ca. 20 Min. Herausnehmen, etwas abkühlen, aus dem Blech nehmen, auf einem Gitter auskühlen.

6. Von der Grapefruit Boden und Deckel, dann Schale ringsum bis auf das Fruchtfleisch wegschneiden. Fruchtfilets (Schnitze) mit einem scharfen Messer zwischen den weissen Häutchen herausschneiden. Grapefruit mit den Orangen- und Mandarinenscheiben auf der Wähe verteilen, Nüsse darüberstreuen.

Tipp: Dessert extrafin (Sauermilch) dazu servieren.

Stück (⅛): 418 kcal, F 26 g, Kh 34 g, E 9 g

Alphabetisches Rezeptverzeichnis

A
Ananas-Tarte mit Schokorahm 84
Apfel-Birnen-Fladen, knuspriger 66
Apfelwähe 62
Apfelwähe mit Grapefruits 88
Apfelwähe mit Himbeeren 64
Aprikosenwähe 28

B
Bananenwähe mit Schokolade 74
Beeren-Zitronen-Tarte 18
Beeren-Zwetschgen-Tarte 36
Birnenkuchen, Genfer 60
Birnenwähe mit Nussguss 58
Birnenwähe mit Herbstlaub 68
Blueberry-Tarte mit Vanillerahm 44
Brombeerwähe mit Kokosstreuseln 32

C
Cantucci, Kirschenwähe mit 46
Cranberry-Wähe 50
Crostata, Rhabarber- 20

E
Erdbeer-Osterfladen 6
Erdbeer-Tarte 12
Erdbeeren, Nidelwähe mit 14
Exotische Limettenwähe 80
Exotische Mangowähe 80

F/G
Feigen-Heidelbeer-Wähe 52
Genfer Birnenkuchen 60
Grapefruits, Apfelwähe mit 88

H/J
Heidelbeer-Wähe, Feigen- 52
Herbstlaub, Birnenwähe mit 68
Himbeeren, Apfelwähe mit 64
Himbeerwähe 40
Johannisbeerwähe 26

K
Kirschenwähe mit Cantucci 46
Kiwi, Lemon-Tarte mit 78
Knuspriger Apfel-Birnen-Fladen 66
Kokos, Rhabarberwähe mit 10
Kokosstreuseln, Brombeerwähe mit 32

L
Lebkuchenwähe mit Zitrusfrüchten 92
Lemon-Tarte mit Kiwi 78
Limettenwähe, exotische 80

M
Mango-Tarte-Tatin 76
Mangowähe, exotische 80
Marroni-Wähe, Trauben- 56
Marroniwähe mit Mandarinen 86
Melonen-Quark-Wähe 38
Meringage, Traubenwähe mit 54
Meringuierte Weichseltörtchen 30

N/O
Nidelwähe mit Erdbeeren 14
Orangenwähe 90

P
Pfirsich-Strudelwähe 34
Pineberry-Tarte 22

Q
Quark-Wähe, Melonen- 38
Quittenwähe 70

R
Reisfladen mit Walderdbeeren 6
Rhabarber-Crostata 20
Rhabarber-Schokolade-Tarte 16
Rhabarber-Tarte-Tatin 20
Rhabarberwähe 8
Rhabarberwähe mit Kokos 10

S
Schlorzifladen 82
Schokolade, Bananenwähe mit 74
Schokolade-Tarte, Rhabarber- 16
Schokorahm, Ananas-Tarte mit 84
Strudelwähe, Pfirsich- 34

T
Tarte-Tatin, Mango- 76
Tarte-Tatin, Rhabarber- 20
Teige, selbst gemachte 96
Trauben-Marroni-Wähe 56
Traubenwähe mit Meringage 54

V/W
Vanillerahm, Blueberry-Tarte mit 44
Walderdbeeren, Reisfladen mit 6
Weichseltörtchen, meringuierte 30

Z
Zitronen-Tarte, Beeren- 18
Zitrusfrüchten, Lebkuchenwähe mit 92
Zwetschgen-Tarte, Beeren- 36
Zwetschgenwähe 42

Alle Rezepte in diesem Buch sind, wo nicht anders vermerkt, für 4 Personen berechnet.

Massangaben
Alle in den Rezepten angegebenen Löffelmasse entsprechen dem Betty Bossi Messlöffel.

Ofentemperaturen
Gelten für das Backen mit Ober- und Unterhitze. Beim Backen mit Heissluft verringert sich die Backtemperatur um ca. 20 Grad. Beachten Sie die Hinweise des Backofenherstellers.

Quellennachweis
Das im Buch abgebildete Geschirr und Besteck sowie die Dekorationen stammen aus Privatbesitz.

Mürbeteig

200 g Mehl
80 g Zucker
½ TL Salz
1 **Bio-Zitrone**, nur abgeriebene Schale
100 g **Butter**, in Stücken, kalt
1 **Ei**, verklopft

Mehl, Zucker, Salz und Zitronenschale in einer Schüssel mischen. Butter beigeben, von Hand zu einer gleichmässig krümeligen Masse verreiben. Ei beigeben, rasch zu einem weichen Teig zusammenfügen, nicht kneten. Teig flach drücken, zugedeckt ca. 30 Min. kühl stellen.

Kuchenteig

200 g Mehl
½ TL Salz
75 g **Butter**, in Stücken, kalt
1 dl Wasser

Mehl und Salz in einer Schüssel mischen. Butter beigeben, von Hand zu einer gleichmässig krümeligen Masse verreiben. Wasser dazugiessen, rasch zu einem weichen Teig zusammenfügen, nicht kneten. Teig flach drücken, zugedeckt ca. 30 Min. kühl stellen.

Quark-Kuchenteig

200 g Mehl
½ TL Salz
100 g **Butter**, in Stücken, kalt
125 g Halbfettquark
1 EL Wasser

Mehl und Salz in einer Schüssel mischen, Butter beigeben, von Hand zu einer gleichmässig krümeligen Masse verreiben. Quark und Wasser beigeben, rasch zu einem weichen Teig zusammenfügen, nicht kneten. Teig flach drücken, zugedeckt ca. 30 Min. kühl stellen.

Ihre Kochbücher jetzt auch digital

Sind Sie stolzer Besitzer eines oder mehrerer Betty Bossi Kochbücher?

Dann loggen Sie sich ein oder registrieren Sie sich jetzt als Abonnent – es lohnt sich: Alle* Ihre Bücher sind dann online unter «Meine Rezepte» abrufbar.

So haben Sie ab sofort auch von unterwegs jederzeit Zugriff auf alle Ihre Rezepte.

*Gilt für alle Betty Bossi Kochbücher, die digital zur Verfügung stehen und vom jeweiligen Abonnenten direkt bei Betty Bossi gekauft wurden.

 Bestellen Sie mit der nachfolgenden Bestell-Karte oder unter www.bettybossi.ch

FRUCHTIG-SÜSSE WÄHEN

Überraschende Kreationen: fruchtig süsse Wähen mit cremigem Guss, knusprigem Teig und vielen frischen Früchten für alle Jahreszeiten. Genuss pur.

> Art. 27102.998

GEMÜSELUST **320 Seiten!**

Die neue, kreative Gemüseküche: eine Schlemmerreise durch alle Jahreszeiten mit farbenfrohen, gesunden und leckeren Gemüsegerichten – mit und ohne Fleisch.

> Art. 27100.998

GESUND & SCHLANK BAND 4 **320 Seiten!**

Mit unserem Menüplan spielend 3 kg in nur 3 Wochen verlieren, sich dabei satt und vital fühlen. Dazu viele neue Rezepte mit Superfoods für weiteren Gewichtsverlust.

> Art. 27098.998

PASTA **320 Seiten!**

Pasta, von einfach bis luxuriös: One Pot Pasta, 60 schnelle Pastasaucen, tolle Pastagerichte, heiss Geliebtes aus dem Ofen und Pasta deluxe für Verwöhnmomente.

> Art. 27096.998

BLECHKUCHEN & BROWNIES

Schnell den perfekten Kuchen für eine Party backen? Hier finden Sie die beliebtesten Blechkuchen, unwiderstehliche Tartes, die besten Cheesecakes und Brownies.

> Art. 27094.998

GESUND & SCHLANK BAND 3 **320 Seiten!**

Gesunde Rezepte zum Abnehmen, in nur 30 Minuten servierbereit. Dank individueller Menükombination (Low-Carb, ausbalanciert oder vegetarisch) genussvoll abnehmen.

> Art. 27092.998

HERZLICH EINGELADEN **320 Seiten!**

Fingerfood, Vorspeisen, Hauptgerichte und Desserts – von unkompliziert bis gediegen. Viele Tipps und Tricks zum Vorbereiten und auch für vegetarische Varianten.

> Art. 27090.998

SCHNELL & EINFACH **224 Seiten!**

100 Lieblingsrezepte aus der Betty Bossi Zeitung. Die «schnell & einfach» – Rezepte sind in nur 30 Minuten zubereitet. 25 schnelle und feine Ideen für jede Jahreszeit.

> Art. 27088.998

LUFTIG LEICHTE DESSERTS

Wunderbar leichte Dessertideen für jede Jahreszeit: samtige Cremen, luftige Mousses, Panna cotta, Puddings und Glacen zum Dahinschmelzen. Mit vielen Deko-Tipps.

> Art. 27082.998

GESUND KOCHEN

Gut erhältliche Zutaten und schnelle Rezepte für viel ausgewogenen Genuss, auch im hektischen Alltag. Dazu praxisorientierte Tipps für einen gesunden Familienalltag.

> Art. 27080.998

DIE NEUE FLEISCHKÜCHE   **320 Seiten!**

Das Standard-Werk mit vielen neuen Rezepten, bekannten und neuen Techniken: Schmoren, Niedergaren oder Braten, Räuchern, Garen in der Salzkruste oder im Heu, Confieren und Sous-vide.

> Art. 27078.998

GESUND & SCHLANK BAND 2   **320 Seiten!**

Band 2 mit 320 Seiten bietet über 150 neue Rezepte zum Abnehmen mit Genuss: Frühstück, Lunch, Nachtessen und Desserts – für alle Jahreszeiten. Zusätzliche Unterstützung bietet der hilfreiche Ratgeberteil.

> Art. 27076.998

KUCHENDUFT   **320 Seiten!**

Viele neue Rezepte für alle Jahreszeiten, jede Gelegenheit und jedes Talent: wunderbare Kuchen, Cakes und Torten. Dazu inspirierende Dekorationsideen und viele Tipps und Tricks, damit Ihre Kunstwerke sicher gelingen.

> Art. 27074.998

LUSTVOLL VEGETARISCH   **320 Seiten!**

Heute kochen namhafte Köche fleischlose Gerichte auf höchstem Niveau – mit grossem Erfolg. Auch privat geniessen immer mehr Leute vegetarisch. Höchste Zeit also für ein umfangreiches Buch voller köstlicher Vegi-Ideen.

> Art. 27072.998

LUST AUF WURST

Herrliche Gerichte mit Schweizer Würsten in vier Kapiteln: Fingerfood & Vorspeisen, Nostalgiegerichte, regionale Spezialitäten und deftig & wärmend. Dazu natürlich viele Tipps und Tricks rund um die Wurst.

> Art. 27070.998

ECHT ITALIENISCH   **320 Seiten!**

Wir laden Sie ein zu einer kulinarischen Italienreise durch alle Regionen unseres südlichen Nachbarlandes. Es gibt neben heiss geliebten Traditionsrezepten auch viel Neues zu entdecken! Mediterrane Küche zum Schwelgen.

> Art. 27068.998

TAKE 4

Die Idee: Mini-Einkauf, schnelle Zubereitung und viel Genuss. Das Resultat: schnelle, einfache Rezepte für Verwöhnmomente. Dazu eine clevere Vorratsliste auch für Haushalte, in denen nicht täglich gekocht wird.

> Art. 27066.998

GESUND & SCHLANK BAND 1

Mit Genuss essen, satt werden und dabei erst noch gesund abnehmen. Mit den feinen und ausgewogenen Rezepten in diesem Buch zum persönlichen Wohlfühlgewicht. Zusätzliche Unterstützung bietet der hilfreiche Ratgeberteil.

> Art. 27064.998

GRATINS & …

Lust auf einen heissen Flirt? Dann aufgepasst: Diese Gratins und Aufläufe verführen Sie nach allen Regeln der Kunst. Die Kapitel: die Schnellen, die Leichten, zum Vorbereiten, die Edlen (für Gäste) und Fixes vom Blech.

> Art. 27060.998

BRUNCH

Tolle Ideen für Ihren Brunch: kleine Delikatessen im Glas, knuspriges, süsses und pikantes Gebäck. Dazu überraschende Ideen rund um Brot und Ei. Dann das süsse Finale für alle Naschkatzen und Desserttiger.

> Art. 27058.998

FESTTAGE ZUM GENIESSEN

Mit diesen Hitrezepten wird Weihnachten, Silvester und jeder andere Feiertag zum kulinarischen Fest – für alle. Mit der richtigen Rezeptauswahl geniessen auch die Gastgeber in brillanter und entspannter Festtagslaune.

> Art. 27056.998

EINFACH ASIATISCH

320 Seiten!

Die beliebtesten Gerichte und Neuentdeckungen aus den beliebtesten asiatischen Ländern: Thailand, Vietnam, China, Japan, Indonesien, Malaysia und Indien. Die Rezepte sind einfach nachzukochen, leicht und gesund.

> Art. 27054.998

MARKTFRISCHE KÜCHE

Frisch, leicht und überzeugend: saisonale Rezepte, schnell und unkompliziert, mit einheimischen Zutaten. Denn: Das Gute liegt so nah! Verfeinert wird mit frischen Kräutern aus dem Kloster- und Bauerngarten.

> Art. 27052.998

FISCH UND MEERESFRÜCHTE

Gesund, leicht, raffiniert und vielseitig: neue, köstliche Rezepte für Vorspeisen, Suppen, Salate und Hauptgerichte. Dazu einige superschnelle Kreationen sowie Tipps für nachhaltigen Fischgenuss.

> Art. 27050.998

SCHWIIZER CHUCHI **320 Seiten!**

Traditionsreiche Klassiker, neue, marktfrische Küche mit einheimischen Zutaten. Dazu Klassiker, neu interpretiert: aus denselben Zutaten ist ein neues Gericht entstanden, aber immer noch «ächt schwiizerisch».

> Art. 27046.998

PLÄTZLI & STEAKS

Suchen Sie Alternativen zum ewigen Schnipo? Voilà: jede Menge Abwechslung und kreative Ideen, dazu viele neue Saucen. Wir haben Plätzli und Steaks gefüllt und umhüllt, aufgespiesst und gerollt. Dazu feine «Plätzli»-Ideen für Vegis.

> Art. 27044.998

KARTOFFELN

Viele neue Rezepte mit der Wunderknolle, schnell, einfach und dennoch raffiniert: aromatische Hauptgerichte, feine Beilagen, knackige Salate und schnelle Suppen. Dazu wie immer wertvolle Tipps rund um die Kartoffel.

> Art. 27042.998

FASZINATION CURRY

Würzige Schmorgerichte, herzhafte Kokoscurrys, leichte Gerichte mit Fisch und Meeresfrüchten – dieses Buch bietet eine Vielfalt vom einfachen Bauerncurry bis zur königlichen Köstlichkeit.

> Art. 27040.998

SCHNELLE VORSPEISEN, HÄPPCHEN & TAPAS

Feines zum Aperitif, raffinierte Vorspeisen und Salate zum Brillieren, Knuspriges aus dem Ofen und herrliche Tapas. Alle Rezepte sind schnell und einfach, dennoch mit einer Prise Glamour. Dazu viele Tipps rund ums Anrichten und Garnieren.

> Art. 27038.998

WÄHEN, PIZZAS, FLAMMKUCHEN

Super Rezepte und Tipps für schnelle Wähen, süss und pikant, klassisch und überraschend neu. Dazu die besten Rezepte für Pizza, Focaccia und raffinierte Flammkuchen. Sie entscheiden: Teig selber machen oder kaufen.

> Art. 27036.998

NEUE GEMÜSEKÜCHE

Bunt, gesund und kreativ: neue, einfache Rezepte mit einheimischem Gemüse, speziell für den Alltag geeignet. Beilagen, leichte Vorspeisen, feine Salate und unkomplizierte Hauptgerichte. Mit cleveren Tipps und einer Saisontabelle.

> Art. 27034.998

BACKEN IN DER WEIHNACHTSZEIT

Neue Ideen für eine stimmungsvolle Adventszeit: 35 Sorten schnelle, einfache und traditionelle Guetzli, weihnachtliche Gugelhöpfe, Glühwein-Mini-Savarins, Stollen, Lebkuchen, Biberli, Birnenweggen, Grittibenzen und Dreikönigskuchen.

> Art. 27028.998

GSCHNÄTZLETS & GHACKETS

Schnell, gut, günstig: kleine Mahlzeiten, Vorspeisen, Pasta-Saucen, Eintöpfe, Gerichte aus dem Ofen, Gschnätzlets und Ghackets mit feinen Saucen, Hamburger- und Tatar-Variationen. Dazu Tipps und eine Pannenhilfe für Saucen.

> Art. 27026.998

WUNDERBAR HALTBAR

Selbstgemacht schmeckts am besten: Konfitüren, Gelees, Sirup, Feines in Essig und Öl, Dörrfrüchte, hausgemachte Bouillon – alles ganz natürlich. Dazu viele schnelle Rezepte mit den selbstgemachten Delikatessen und viele Tipps für sicheres Gelingen.

> Art. 27024.998

GESUND GENIESSEN

Schlank bleiben oder schlank werden mit unseren feinen Frühstücksideen, mit kalten und warmen Gerichten mit Fleisch, Poulet, Fisch und vegetarisch. Dazu himmlische Desserts und viele Tipps rund um die gesunde Ernährung.

> Art. 27022.998

DAS GROSSE BETTY BOSSI KOCHBUCH **480 Seiten!**

Das Basiskochbuch von Betty Bossi darf in keiner Küche fehlen. Es ist Nachschlagewerk und Inspirationsquelle für alle, vom Einsteiger bis zum Kochprofi, mit allen Grundrezepten samt Varianten, über 600 Bildern und noch mehr Tipps.

> Art. 27018.998

FEINES MIT GEFLÜGEL

Viele neue, leichte Rezepte mit Poulet, Truthahn, Ente und Strauss. Knuspriges aus dem Ofen, delikat Geschmortes und Sommerliches vom Grill, feine Vorspeisen, einige Klassiker aus fernen Ländern und viele Tipps rund um Geflügel.

> Art. 27016.998

CAKE-FESTIVAL

Cakes sind schnell gemacht und schmecken allen. Feines für die Weihnachtszeit, viele neue Rezepte und einige heiss begehrte Klassiker. Besonders raffiniert: pikante Cakes zum Brunch oder Apéro. Dazu originelle Deko-Tipps.

> Art. 27012.998

NIEDERGAREN – LEICHT GEMACHT

Zarter und saftiger kann Fleisch nicht sein! Die besten Stücke von Rind, Kalb, Schwein, Lamm, Kaninchen, Reh und Geflügel. Dazu 65 neue, raffinierte Saucen, viele Marinaden, Tipps und Tricks unserer Profis.

> Art. 27010.998

REISKÜCHE

Einfach in der Zubereitung, leicht im Genuss: 35 herrliche Risotto-Varianten als Vorspeise, Beilage oder Hauptgericht, dazu kreative Rezepte für Tätschli, Gratins, Salate, 28 raffinierte Beilagen und verführerische Dessertideen.

> Art. 27006.998

BACKSTUBE

80 neue Rezepte für Cakes, Kuchen, Strudel, Blechkuchen, Wähen und Muffins, mit süssen Früchten und cremigen Füllungen. Das kleine Back-Abc und viele Tipps sichern Ihren Backerfolg und den süssen Genuss.

> Art. 27004.998

AUS 1 PFANNE

Schnelle Alltagsrezepte mit wenigen Zutaten und nur einer Pfanne: Überraschendes mit Spätzli, Rösti, Teigwaren, Fleisch und Poulet. Dazu ein paar neue, unkomplizierte Wok-Gerichte. Unkompliziert geniessen ist so einfach.

> Art. 27002.998

DAS NEUE SALATBUCH

Viele neue Rezepte für Salatgenuss rund ums Jahr: raffinierte Vorspeisen, leichte Hauptgerichte und schnelle Beilagen. Dazu 3 Salat-Buffets mit Vorbereitungstipps, über 70 Salatsaucen sowie wertvolle Informationen rund um den Salat.

> Art. 27000.998

DESSERTS FÜR ALLE

Raffinierte Desserts zum Verlieben! Cremen, Sorbets, Törtchen und vieles mehr! Hier kommen Dessert-Fans ins Schwärmen. Süsses, mal luftig, mal eisig, auch knusprig oder fruchtig frisch. Diese Gaumenfreuden krönen jedes feine Essen.

> Art. 20938.998

FEINE SAUCEN UND PASSENDE GERICHTE

Helle und dunkle Saucen, dazu passende, raffinierte Fleisch-, Geflügel- und Fischgerichte. Klassische Saucen und neue, pfiffige Varianten. Eine Fülle von kalten Saucen für feine Apéro-Häppchen sowie Tipps und Tricks.

> Art. 20910.998

DAS ANDERE GRILLIERBUCH

Milde und pikante Marinaden, Geflügel, Fisch oder Fleisch, feines Gemüse, aromatische Früchte und raffinierte Beilagen. Rezepte für den Grill, aber auch für Backofen oder Grillpfanne. Dazu Tipps und Tricks rund um Feuer und Glut.

> Art. 20904.998

DAS NEUE GUETZLIBUCH

Klassische Weihnachtsguetzli mit neuen Kreationen und die feinsten Schoggiguetzli zum Verwöhnen. Köstliche Guetzli, schnell gemacht, und eine Auswahl der besten Vollkornguetzli. Dazu Ideen für hübsche Verpackungen.

> Art. 20902.998

KNUSPRIGES BROT UND KÖSTLICHE BROTGERICHTE

Rezepte für Brot zum Selberbacken, vom Vollkornbrot bis zum Zopf. Praktische Hinweise und Informationen zu den Grundzutaten. Dazu eine Fülle von Rezepten für feine Brotgerichte: neue, leichte Kreationen und Klassiker aus Grossmutters Küche.

> Art. 20900.998

Weitere Betty Bossi Vorteile!

10 Ausgaben voller Genuss

Betty Bossi Zeitung

> 10 × jährlich
> Zeitung – mit Rezepten, die sicher gelingen!
> Neue Bücher und Spezial-Angebote – zum Abonnenten-Vorzugs-Preis!
> Ihre Betty Bossi Kochbücher sind jederzeit ONLINE abrufbar.

Bestellen Sie mit der nachfolgenden Bestell-Karte oder unter www.bettybossi.ch

Meine Rezepte Online

Betty Bossi online

> 24 Stunden für Sie da!
> Alle Neuigkeiten auf einen Blick
> Einfache Navigation
> Schnelle Bestellung
> Kostenloser Newsletter
> Noch mehr Rezepte und wertvolle Tipps

www.bettybossi.ch

Küchenhelfer zum Vorzugs-Preis!

Betty Bossi Spezial-Angebote

> Von Betty Bossi erprobt, von Betty Bossi empfohlen!
> Clevere Helfer für Küche und Haushalt
> Innovative Eigenentwicklungen

Bestellen Sie unter www.bettybossi.ch

Geschenkkarte für die Betty Bossi Zeitung

Und so einfach gehts:

1. Bestell-Karte vollständig ausfüllen und an uns senden.
2. Mit der ersten Ausgabe der Betty Bossi Zeitung informieren wir die beschenkte Person, von wem sie das Geschenk-Abo erhalten hat.

Ja, ich bestelle hiermit ein Jahres-Abo der Betty Bossi Zeitung (10 Ausgaben) für nur Fr. 25.90.*

Gewünschte Sprache:
- deutsche Ausgabe (6510000.998)
- französische Ausgabe (6520000.998)

Das Abo ist für: Frau   Herr

Name:
Vorname:
Strasse:
PLZ/Ort:

Die Rechnung geht an: Frau   Herr

Name:
Vorname:
Strasse:
PLZ/Ort:

* Jahres-Abo: Preis Inland: Fr. 25.90, Preis Ausland: Fr. 34.–. Preisänderung vorbehalten.

Bestell-Karte für die Betty Bossi Zeitung

Ihre Abo-Vorteile:

> Die Zeitung bietet Ihnen saisonale Rezepte mit Geling-Garantie und unzählige Tipps.
> Unsere neuen Kochbücher erhalten Sie mindestens 5 Franken günstiger.
> Nützliche und praktische Küchen- und Haushaltshilfen erleichtern Ihren Alltag.
> Mit dem Abo erhalten Sie online vollen Zugriff auf eine riesige Rezept-Datenbank.

Ja, ich bestelle hiermit ein Jahres-Abo der Betty Bossi Zeitung (10 Ausgaben) für nur Fr. 25.90.*

Gewünschte Sprache:
- deutsche Ausgabe (6510000.998)
- französische Ausgabe (6520000.998)

Die Rechnung geht an: Frau   Herr

Name:
Vorname:
Strasse:
PLZ/Ort:

* Jahres-Abo: Preis Inland: Fr. 25.90, Preis Ausland: Fr. 34.–. Preisänderung vorbehalten.

Betty Bossi

Bitte
frankieren

Bitte senden Sie mir weitere Bestell-Karten zu.

Anzahl: _____

Betty Bossi
Postfach
8902 Urdorf
Schweiz

Betty Bossi

Bitte
frankieren

Bitte senden Sie mir weitere Bestell-Karten zu.

Anzahl: _____

Betty Bossi
Postfach
8902 Urdorf
Schweiz

Bestell-Karte für Betty Bossi Kochbücher

2019100

Anzahl	Artikel	Preis*	Anzahl	Artikel	Preis*	Anzahl	Artikel	Preis*
	Fruchtig-süsse Wähen	Fr. 21.90		Take 4	Fr. 21.90		Backen in der Weihnachtszeit	Fr. 21.90
	Gemüselust	Fr. 36.90		Gesund & Schlank Band 1	Fr. 21.90		Gschnätzlets & Ghackets	Fr. 21.90
	Gesund & Schlank Band 4	Fr. 36.90		Gratins & …	Fr. 36.90		Wunderbar haltbar	Fr. 21.90
	Pasta	Fr. 36.90		Brunch	Fr. 21.90		Gesund geniessen	Fr. 21.90
	Blechkuchen & Brownies	Fr. 21.90		Festtage zum Geniessen	Fr. 21.90		Das grosse Betty Bossi Kochbuch	Fr. 49.90
	Gesund & Schlank Band 3	Fr. 36.90		Einfach asiatisch	Fr. 36.90		Feines mit Geflügel	Fr. 21.90
	Herzlich eingeladen	Fr. 36.90		Marktfrische Küche	Fr. 21.90		Cake-Festival	Fr. 21.90
	Schnell & einfach	Fr. 21.90		Fisch und Meeresfrüchte	Fr. 21.90		Niedergaren – leicht gemacht	Fr. 21.90
	Luftig leichte Desserts	Fr. 21.90		The Swiss Cookbook	Fr. 36.90		Reisküche	Fr. 21.90
	Gesund kochen	Fr. 21.90		Schwiizer Chuchi	Fr. 36.90		Backstube	Fr. 21.90
	Die neue Fleischküche	Fr. 36.90		Plätzli & Steaks	Fr. 21.90		Aus 1 Pfanne	Fr. 21.90
	Gesund & Schlank Band 2	Fr. 36.90		Kartoffeln	Fr. 21.90		Das neue Salatbuch	Fr. 21.90
	Kuchenduft	Fr. 36.90		Faszination Curry	Fr. 21.90		Desserts für alle	Fr. 21.90
	Lustvoll vegetarisch	Fr. 36.90		Schnelle Vorspeisen, Häppchen & Tapas	Fr. 21.90		Feine Saucen und passende Gerichte	Fr. 21.90
	Lust auf Wurst	Fr. 16.90		Wähen, Pizzas, Flammkuchen	Fr. 21.90		Das andere Grillerbuch	Fr. 21.90
	Echt italienisch	Fr. 36.90		Neue Gemüseküche	Fr. 21.90		Das neue Guetzlibuch	Fr. 21.90
							Brot und Brotgerichte	Fr. 21.90

Die Rechnung geht an: Frau   Herr

Kundennummer:

Name:

Vorname:

Strasse:

PLZ/Ort:

* Preisänderung vorbehalten, zzgl. Versandkostenanteil

Anzahl: ____

Bitte senden Sie mir weitere Bestell-Karten zu.

Betty Bossi

Betty Bossi
Postfach
8902 Urdorf
Schweiz

Bitte
frankieren